일곱
날의

빛,

아이슬
란드

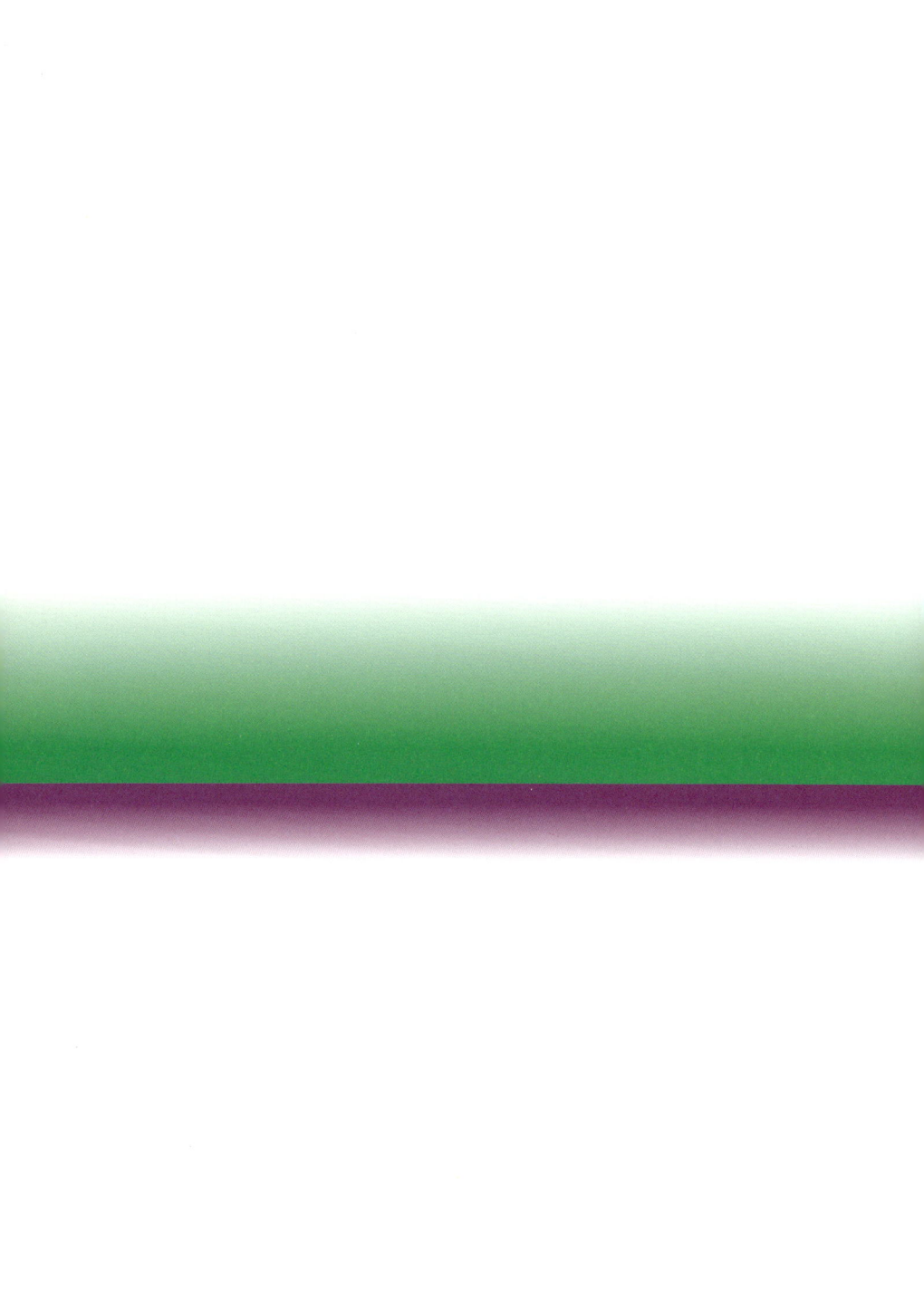

Iceland Travel Essay

일곱
날의
빛,
아이슬
란드

정양권 글·사진

홍성사

여호와께서 자기 백성의 상처를 싸매시며

그들의 맞은 자리를 고치시는 날에는

달빛은 햇빛 같겠고 햇빛은 일곱 배가 되어

일곱 날의 빛과 같으리라.

이사야 30:26

사랑을 느끼고

믿음을 받으니

소망이 보인다.

나를 알게 될 때

내 한계는 선명히 보였고,

내 한계를 인정할 때

비로소 하나님을

진심으로 찾게 되었다.

너는 마음을 다하고

뜻을 다하고

힘을 다하여

네 하나님 여호와를 사랑하라.

신명기 6:5

마음을 다하여
산다는 것.
마음을 받아 본 자만이
살 수 있는 삶.

어느 먼 나라로의 여행.

사람이 만든 세상에서 벗어나,

신이 만든 세상을

조용히 들여다 본다.

낭떠러지 앞, 누군가 뒤에서 나를 밀었다. 너무 놀라 비명조차 지를 수 없었다.
이곳에선 아무 소리도, 아무 냄새도 나지 않았다. 이제서야 모든 것들이 제자리를
찾아 길을 떠난다. 익숙함은 우리의 눈을 멀게 만들었다. 그래서 신과 나는 같은
대상 앞에서 다른 것을 보았고, 다른 감정을 느꼈다. 나는 죽음을 묵상하고 있었고,
신은 생명 안에 있었다. 하나님께서 우리에게 주신 두 책, 자연과 성경은 삶과
죽음이라는 동일한 주제로, 창세부터 지금까지 한결같이 우리에게 말한다. 자연은
우리가 살아가야 하는 현장이며, 성경은 우리가 살아가야 할 방법을 제시해 주는
길이자 진리이며 생명이다.
창세기 1장 28절, 하나님이 우리에게 이르셨다. "생육하고 번성하여 땅에 충만하라.
땅을 정복하라. 바다의 물고기와 하늘의 새와 땅에 움직이는 모든 생물을 다스리라
하시니라." 이렇게 명령만 하시고 잘 지키고 있나 뒷짐지며 우리를 지켜보셨다면,
우리는 백이면 백, 모두 심판대 앞에서 죽음을 피할 수 없었을 것이다. 하지만 하나님은
역사 속에서 우리 옆을 떠나지 않으시며, 땅이 무엇인지, 복이 무엇인지, 사랑하는
자가 누구인지, 분명하고 알기 쉽게 말씀으로 목양시켜 주셨다. 그리고 믿음을 첫 번째
선물로, 희망을 두 번째 선물로, 마지막으로 사랑의 깊이를 점차 이해할 수 있는
은혜를 우리에게 허락하셨다. 생명을 선물로 받은 자의 할 일이 무엇이겠는가?

《일곱 날의 빛, 아이슬란드》에 기록된 여정은, 그의 사랑에 대한 나의 자연스런

반응이며, 감사의 고백이자, 기쁨의 눈물이다. 길 위에 새겨진 발자국에

국한되는 게 아닌, 마음에 새겨진 그의 사랑을 강조하고자 했다. 성경은 성령님의

조명하심이 없이는, 한 권의 두꺼운 종이책에 불과하다. 자연 또한 말씀의 조명이

없으면, 우리는 자연이라는 무대 위, 배우가 아닌 세트장을 방해하는 행인에

지나지 않을 것이다. 하나님의 사람은, 크게든 작게든 무대 위 자기의 역할과

분량이 있다. 자연이라는 무대는 말씀이라는 시나리오를 잘 숙지하고, 자기

역할을 분명히 아는 이들이 살아가는 곳이다.

《일곱 날의 빛, 아이슬란드》라는 Scene에서 난 사진가로 등장한다. 사진가의

눈으로 본 자연과 말씀, 보이는 것과 보이지 않는 것은 서로 연결되어 있었다.

다만, 나의 사고와 경험을 뛰어넘었을 뿐이다. 이 책의 여정은 보이지 않던

은혜를 통해 매 순간 경험하게 된 40일간의 삶의 기록이다. 나는 그로부터 사랑을

먹었고, 사랑을 말했고, 사랑 속에서 살았다.

2018년 12월

정양권

*

Genesis

당신은
창세기의 첫 장을
읽어 본 적 있는가

★
★
★

Life

당신은 오늘
무엇과
싸울 것인가

★
★
★

Word

당신이 들은
말씀은
무엇인가

1 ——— Genesis

당신은 창세기의 첫 장을 읽어 본 적 있는가

그림자

날 수 없는,

헤엄칠 수 없는.

바람을 느낄 수 없는.

결국, 땅에서 벗어나지 못한.

*

바람

태양에서 태어나,
태양으로 이끄네.

묵묵히 나를 사랑했고,
언제나 믿어 주었다.

*

나의 성장을 응원하고,
안전한 귀로를 위해서.

다시
태어난다는 건

나침반은 움직이지만,
지도를 읽을 수 없으며.

걸을 수 있지만,
* 앞을 볼 수 없음을.

매 발걸음마다 아버지에게,
간절히 고백하는 삶이었다.

소망

다큐멘터리 속
판타지를 그리는 시간.

아름다운 상상 속
지혜로운 사람이 되는 연습.

*

눈물

하늘은 본디
무지개가 보이는 곳이었다.

우리의 눈을 씻는 그 순간,
다리를 건너, 하늘나라에서 살게 되리라.

물방울

제법 적당한 크기의 물방울은
하늘을 파랗게 만들고,

제법 커다란 크기의 물방울은
하늘을 검게 만들며,

*

제법 작은 크기의 물방울은
하늘의 무지개를 비추는구나.

거울

지상의 궁창은 하늘의 궁창을 비추어
땅에서도 하늘나라를 볼 수 있는 기회를 주었다.

진짜는 아니다. 반사판이다.
그래서 선명하지도, 또렷하지도 않다.

*

전체가 아니다. 그중 아주 일부일 뿐이다.
그래서 우리는 상상력을 키울 수 있으며,
기대함으로 살아갈 수 있는 것이다.

궁창은 유한함 속 무한함을,
부분을 통한 전체를 드러내고 있었다.

두
공간

하늘은 우리에게
왜 비워야 하는지 알려 주었고,

땅은 우리가
어떻게 채워 나가야 하는지 보여 주었지.

우리의 삶은
비움을 위한 난행고행이 아니야.

땅 위에서 빛으로
채워 가는 연습을 하기 위해 태어난 거라네.

평생의
빚

빌렸으면 되돌려 주어야 하고,
꾸었으면 갚아야 하며,
받았으면 감사 인사라도 하는 게,
사람의 도리이거늘.

*

빌려놓고 소유했으며,
꾸었는지조차 까맣게 잊어버렸고,
받아놓고 되려 화를 품었다.

늦게서야 내 모습을 보게 되었고,
세 가지 사실을 덤으로 알게 되었다.

요구하기 전에 이미 모든 것을 주셨음을.
본디 애초에 갚을 수 없는 크기였음을.
그리고 이 기억이 곧 감사의 시작이었음을.

새겨진
기억들

서로 다른 표정이 맞닿아
수많은 시간을 함께하며,

품어 준 산천을 닮아가고
길러 준 태양을 바라볼 때,

따뜻한 비를 통해,
내면의 속살을 보여 준다.

빛나는
나침반

작은 먼지로 태어나
빛나는 포물선을 그린다.

추워질수록 선명해지고
어두울수록 보다 빛나

우리가 위대한 그림 속
한 꼭지임을 보여 주며

각자의 위치를 지킬 때
커다란 하나의 그림이 완성됨을 말해 준다.

새로운
삶

나는 가만히 있는 듯 보였지만,
어디론가 움직이고 있었다.

태양은 일정하게 움직이는 듯 보였지만,
그는 변함없이 같은 자리에서 나를 지켜보았다.

나는 내가 좋아하는 면만 보며 살기를 원했지만,
태양은 다양한 면을 강조했다.

새로운 삶이 필요했던 건
태양이 아니라, 나였다.

태양은 지금도 나의 구석구석을 비추는 중이다.
사각지대를 밝혀, 그를 더 깊이 만날 수 있게.

매일 반복적으로.

하지만 매순간 새롭게.

그의 나라의 온전한 종으로

*   부끄럽지 않게 살아갈 수 있도록.

눈의
어머니

수많은 폭포와
강줄기를 낳았으며,

땅을 비옥하게 기르고,
다양한 생명을 품었다.

계절의 변화를 가장 먼저
우리에게 알려 주었으며,

반복을 통한 성장을,
평생의 삶을 통해 고백했다.

우리 눈이 온전히 볼 수 있도록.
그의 나라의 아름다움을.

깊이의
마법

고래가 산다는 건,
얼마나 다양한 생명체가
함께 살고 있다는 뜻인가.

*   깊은 곳엔 위험 또한 뒤따르지만,
관계의 풍성함을 누릴 수 있기에.

오늘도 수많은 먼지들이
빛나는 바다로 여행을 온다.

흰
당나귀

거부할 수 없는 끌림은
온종일 내 삶을 괴롭혔네.

어디에서 시작되었는지 모르고,
어디로 흘러가는지 알 수 없었기에.

하지만 오랜 시간에 걸쳐
쉬지 않고 먼 길을 떠나온 파란 당나귀는

검은 돌판 위에
새겨진 말씀을 만날 때

비로소 제 모습을 보며
기뻐 놀라 감사함에 춤을 추었네.

하나뿐인
존재

세상에 하나뿐인
존재와 마주한다는 건,

얼마나 귀하고
아름다운 일인가.

"존중한다, 너를.
너도, 나처럼 특별하기에."

人

가장 늦게 태어난
연약한 생명이

모든 동물의 왕,
다스리는 자로 임명받았다.

*

그리고 그들의
이름을 짓는 일로

만물을 사랑하는 자의
본능을 증명받아,

땅과 하늘을 잇는
신의 대리인임을 천하에 선포했다.

여행
준비물

불안이라는 연료와

작은 몸,

가벼운 생각.

그리고

땅도, 바다도, 하늘도

어디든 갈 수 있다는 믿음.

하늘을
날 수 있는 방법

내 의지를 쌓아,

곱게 쌓아 올리는 게 아니야.

내 의지를 꺾어,

*   바닷속으로 집어던져야 해.

큰
그림

경험만을
고집하지 않는 이유는

나의 힘으로 받은 선물이
아님을 알고,

나만을 위한 것도
아님을 믿고,

희망이라는 큰 그림의
다른 조각을 보고 싶은
기대감 때문이다.

멀리
보기

지구 밖 태양이 있는 이유는
저 멀리 보는 연습을 하기 위함이요,

태양이 지구를 비추기에 충분히 밝은 이유는
가능한 한 넓게 보게 하기 위함이 아닐까.

*

앞에 놓인 고민과 문제로, 일희일비 하지 않고,
굳건히 제 갈 길을 갈 수 있게,
오늘도 그는 변함없이 동일한 빛을 보여 주었다.

가장
아름다운 빛

최고의 빛을 만든 건
지나가는 구름이었다.

순간이었지.
잠시 잠깐일 뿐이었다.

크지 않았지.
태양에 비하면, 먼지와 같았다.

앞이 보이지 않아 막막해질 때,
힘들더라도 참아 보자.

네가 가진 가장 아름다운 빛을
낼 수 있는 기회가
마침내 찾아온 것이니.

붉은
나팔

하루의 시작과 끝을 선포하는 붉은 소리.

지어진 모습들이 가장 아름답게 보여지는 순간이며,
물이 피가 되는 시간, 죽음에서 승리했음을 부르짖는 때이다.

하루가 태어날 때
"이기리라!" 그가 말씀하셨다.
하루가 끝날 때
"우리가 이겼다!"라고 함께 소리쳤다.

기쁘고, 춤추는 데는, 분명한 이유가 있다.

매일, 그를 통해 승리를 보았고,
그와 함께 승리를 경험했기 때문에.

태양의
옷

추수 때 보리는
태양에게 겸손을 표했고,
낙엽은 넘치는 기쁨에 춤을 추었어.

*   낙엽과 금 그리고 태양의 색깔이
같은 노란색이라는 건 결코 우연이 아니겠지.

평생에 있어 가장 두려워했던 죽음은
사실, 생에 가장 아름다운 과정이라는 사실을
모두가 고백하고 있거든.

돌고 돌아, 본향에 돌아온 날이기에.
아버지의 옷을 입고, 참사랑 안에 살게 되었기에.

동행의
시작

빛을 발하는 삶은
오직 자신의 죽음을
마주한 자에게만
허락된 비밀이었다.

*

어느 누가
칠흑같은 어둠 속
한 줄기의 빛을 보고,
가까이 가지 않겠는가.

70억 개의
달

빛을 내지만,
빛을 만들지는 못한다.

아침에는 조용히 자신의 모습을 숨기우고,
저녁이 되면 자신의 몸을 통해
태양이 여전히 살아 있음을 고백한다.

짙은 어둠이 지면에 내려 앉을때
그의 역할은 더욱이 커진다.

그 누가 한줌의 떠도는 돌덩어리가
어두운 밤 하늘을 비추리라 생각했을까.

땅에 사는
달의 가족

사랑을 받을 때는
내가 보였지만,

사랑이 넘쳐 흐르자,
*   내가 사라졌다.

2 —— Life

당신은 오늘 무엇과 싸울 것인가

하루의
시작

언제나 싸우는
두 목소리.

나를 만든 신은
더 단순해지라고
나지막이 말한다.

내가 만든 신은
더 복잡해지라고
요란하게 소리 친다.

그의 진짜 목소리를 듣기 위해
오늘도 가장 조용한 곳을 찾아
하루를 시작해야만 했다.

완전히
새로운 날

매일 우리가
반쪽짜리 부활을 경험하지 않았다면

하늘에 계신 이를
믿기 힘들었을 거야.

우리가 오늘도
기도로 살 수 있는 힘은

완전한 부활에 대한
참소망이 생겼기 때문이지.

불안

모든 설레임은
불안으로부터 시작된다.

그리고 설레임은
또 다른 불안으로 이끈다.

두려움이 없는 용기가 없듯,
불안이 없는 설레임은 없다.

가슴 뛰는 삶을
살고자 하는가.

모든 것의 원동력이 되는
불안을 사랑하자.

자유인

우리 손에 쥐어진 지팡이는 그가 준 것이며,
높이 하늘에 들라 명한 것도 그의 계획이며,
지켜 주시고 싸우시는 이가 그의 역할인데,

왜 지금도 불안 속에서 울부짖고 있는가.

23.5°

우리는
죽은 흙으로 만들어졌으나,
살아 있는 물처럼 움직인다.

**
*

변화

나는 세상을
변화시키고 싶었고

신은 나를
변화시키고 싶었다.

*
*

작은
몸

나를 위해 세계 여행을 했었어.
어떻게 돈을 벌어야 하는지
나만의 도구를 찾았고 수단을 배웠지.

너를 위해 NGO일을 했었어.
돈이 아닌 사람을 사랑하는 법을 배웠지.
가치를 찾아 떠나는 희망 가득한 항해를 시작했어.

하지만,
커다랗고 건강한 몸을 유지하기에는
감당하기 벅찬 유혹들이 너무 많았지.

결국 난 큰 몸을 버리고
가장 작은 몸을 택했어.

한 사람이 건강한 사고와 몸을 가질 때에야
비로소 세상은 올바르게 변할 수 있다는

믿음이 이제야 생겼기 때문이야.

*
 *
 *

인도자

신은 새로운 것을 두려워하지 않아.
이게 바로 그가 우리에게 놀라운 일들을
계속해서 보여 주시는 이유야.

마음을 열어 보렴.
그가 너를 놀라운 방법으로 인도할 거란다.

허무한
삶

세상에는 이유를 알 수 있는 일보다
알 수 없는 일들이 더 많은데,

이유를 찾는 데
우리 인생을 허비하며

세상을 온전히 이해한 것마냥
자신을 속이는 삶은 얼마나 허무한가요.

한계

한정된 공간은
공기의 존재를 알려 주었고

그림자는
빛의 존재를 증명하기 위해 지음 받았다.

보이는 문제는
보이지 않는 존재를 확인시켜 주었으며

내가 죽었다는 고백은
말씀이 살아 있음을 경험하게 했다.

나의 길을
찾는 과정

익숙한 듯
하지만 조금은 새로운

유사색일지
보색일지 모를
*
*

너를 보고
내 방법대로

오늘도 난 그렇게
겁나는 강을 건넌다.

우리가 사는 세상을
한결 더 아름답게
볼 수 있다는 소망이 있기에.

반대로

남들이 더하기를 외칠 때
난 조용히 빼기를 연습해야 했고,

남들이 앞으로 전진할 때
난 내가 있는 자리를 지켜야 했다.

*
*

문제

지금까지
무엇과 싸워 왔는가.

지금부터
무엇과 싸울 것인가.

보이는 너의 문제인가
보이지 않는 나의 문제인가.

모든 것을
사랑할 수밖에
없는 이유

너를 사랑할 수밖에 없는 이유는
나의 모든 것이기 때문이며,

신을 사랑할 수밖에 없는 이유 또한
나의 모든 것이기 때문이다.

모든 것을 사랑할 수밖에 없는 이유는
나를 그만큼 사랑하기 때문이다.

스트레스

적당한 스트레스를 받고 자란 자연의 맛이 훌륭하듯,
적당한 스트레스를 받은 이에게서는 좋은 기운이 흐르지.

과한 스트레스는 자만이 만든 그림자임을,
스트레스가 없는 삶은 게으름의 다른 얼굴임을 잊지 않고

성장해야 할 때 먹고,
멈추어야 할 때 묵상한다.

계획하신 이에 대한 신실한 믿음과
실행하실 이에 대한 기대가 있기에.

게으른
자

금전만 버는 사업가.

묵상만 하는 철학가.

사진만 찍는 사진가.

말씀만 읽는 목회자.

참쉼

우리가
오늘도 힘들여
산을 올라야 했던 이유는

부지런히 산을 오르는 자만이
참쉼을 분별할 수 있었고

참쉼을 맛본 자만이
쉼이 곧 하늘의 지식에 있다는
사실을 고백할 수 있기 때문이었다.

미스테리

사랑받는 존재들을
찾아나섰다.

신기함과 놀라움을
걷어내자

그 길 끝에서
반가운 얼굴을 마주했다.

사랑받을 자격조차 없는
내게 주어진 무한한 사랑을.

폭력

내가 이 정도 했잖아.
그러니 너도 이 정도는.

태풍의
눈

태풍 속,

내 눈을 어지럽히는 것에 사로잡혀,

연신 불안함 속에서 빠져 나오질 못하는구나.

태풍이 휩쓸고 가기 전,

준비를 단디 해놓자.

세상엔 시간이 해결해 줄 수 있는

문제가 많지만, 전부는 아니기에.

태풍을 마주할 때면,

태풍의 눈을 찾아 길을 떠나자.

지금 무엇을 해야 하는지,

지금 어떻게 살아야 하는지,

중요한 일 대신
급한 일에 속는
어리석은 인생이 되지 않기 위해.

태풍이 지나가면 또 다른 얼굴의 태풍이
나를 찾아올 테니

지금 단디 연습을 하자꾸나.
위험 한가운데 안전이 있다는 사실을.

지금이
아니면

'사랑을 받은 만큼

이젠 돌려줘야 하지 않을까'라는

마음이 생겼어.

*
*
지금이 아니면,

나를 사랑했던 그분들에 대한

감사한 마음을 잊어버릴 것만 같았거든.

그날, 그때의 기억을

머리뿐 아니라, 몸에 새겨,

가능한 한 오래 그 마음 안에서 살고자.

이야기꾼

아무도 다니지 않을 것 같은 곳에서
만날 수 있는 그들의 발자국.

없어질 짐이라곤 배낭 하나가 전부지만,
살아 있는 이야기는 누구보다 풍요롭구나.

이 시대의 움직이는 도서관,
우리는 그들을 '히치하이커'라 부른다.

아이러니

사람들은 어둠 속에 살고 싶어 하지만,
빛을 사랑한다 말한다.

사람들은 익숙한 것을 사랑하지만,
새롭게 살고 싶다고 말한다.

몸은 편안함을 사랑했고
마음은 평안함을 사랑했기에.

그런
마음

우리가 장식을
사랑하지 않는 이유는

본연의 멋을 계속해서
**감상하고 싶은 마음 때문입니다.

우리가 옛 것을
사랑하는 이유는

지금의 나를 만들어 준 사실에 대한
감사한 마음 때문입니다.

역사

세월이 빗겨간 흔적이 아니라,
그와 함께한 이야기 창고다.

나의 역사 이전엔,
반드시 가족의 역사와 민족의 역사가
튼튼한 밑거름이 되어

나의 뿌리와 맺어질 열매를
잊지 않게 해줄 것이다.

그대는 지금 어떤 이야기를
쌓아 가고 있는 중인가.

죽은 이야기인가,
살아 있는 이야기인가.

문화

꽃에만 홀려 열매를 보지 못하고,
뿌리에 관심을 두지 않구나.

혹여, 이를 깨닫게 되어도
이미 전신이 중독된 상태니
빠져나오기가 오죽 어려우랴.

* *

쉽게 이해가 된다면, 혹 사람이 만든 게 아닌가.
어두운 밤 내 눈물의 기도는, 혹 내 감정의 열매가 아닌가.

누군가, 지름길이라고 알려 주거든
좁은 길의 의미를 모르는 사람이다.

난, 살기 위해
오늘도 거울 앞에서 무릎을 꿇는다.

구별할 줄
아는 삶

자연의 복제와 합성만을 시도한다면,
원시 신앙에 머물러 있다는 증거이며

자연을 인공물로 가리운다면,
또 다른 바벨탑을 세우는 것이다.

자연을 드러내는 건축물을 만들 줄 안다면,
스트레스와 평안함을 구별할 줄 아는 삶에
가까워지고 있다는 뜻일 것이다.

겸손한
건축물

오리지널에게
경의를 표하며,

그들을 향한 우리의 시선을
함부로 빼앗지 않았고,

시간의 흐름에
기꺼이 머물게 해주었다.

표준
화각

좁은 시야는
나무를 관찰하기에 좋았다.

넓은 시야는
숲을 품기에 좋았지.

넓지도 좁지도 않은
시야를 지닌 우린,

소명을 따라 살기에
제법 적합한 눈을 가졌어.

죄인의
눈물

혹시,

누군가에게

마음을 받아 본 적 있나요.

내 몫을 챙기느라

머릿속을 열심히

계산하는 모습을 보며,

울며 가슴 아파해 본 적 있나요.

그가 가진 최선의 것을 받았음에도

내가 가진 최선의 것을 내놓지 못함에

죄인의 마음을 가져 본 적 있나요.

반쪽달

빛을 잃어간다고 슬퍼하지 마.
다시 곧 채워질 테니.

빛이 채워진다고 자만하지 마.
얼마 가지 못할 테니.

넌 항상 부족하지만
그 나름대로의 멋과 아름다움이 있음을.

더 빛나고, 덜 빛나지만
넌 여전히 빛나는 중임을.

항상 네가 빛으로 가득 채워져 있었다면
너의 다른 아름다운 모습들을 알지 못했을 테니.

라이프

굽이치니 숨이 붙고,
쌓이니 깊이가 생겼다.

부끄러웠던 어제들,
허나 신명나게 싸웠기에

덜 부끄러운 오늘 속,
힘든 싸움을 이어 나간다.

유토피아

얼음섬 사람들에게
한뼘 이상의 뜰은 그들에게 마치 이 땅에
살아가는 최소한의 의무처럼 보인다.

화산이 남기고 간 오돌토돌한 화강암으로
튼튼하고 보온 효과가 뛰어난 집을 만들었고,

밤이 길었고 낮이 길었던 날씨 덕에
그들은 차와 커피 그리고 알코올을
즐길 줄 아는 민족이 되었다.

동서남북 아기자기한 차경에
숲을 그려 넣었고 바다 또한 그려 담았다.

사람에 대한 그리움과 고독함이 그들에게 밀려오니,
상상 속 사람들에게 청동옷을 입히기 시작한다.

사람들 간에 적당한 거리를 유지하기 시작했고,
도시와 자연 사이 적당한 거리를 찾은 듯 보인다.

마침내 그들은 최고의 명당을 찾았다.
도시의 불빛이 보이지만 소음은 들리지 않는 그런 곳.

Life

3 —— Word

당신이 들은 말씀은 무엇인가

알파와
오메가

빛이 하나님이 보시기에 좋았던 이유는
말씀으로 시작하였기 때문이며,

하나님이 지으신 모든 것을 보시며
*
** 심히 좋아하셨던 이유는
*
말씀대로 이루어졌기 때문이다.

유일한
열쇠

보아도 보지 못하고, 들어도 듣지 못한 자,

문제가 문제인 줄, 답이 답인 줄 모르는 이가

땅에 거하는 평생에 문제 풀기를 게을리했는데,

하늘에 거한다고 문제가 풀리겠는가.

땅에 거하는 시간은,

주어진 하나의 문제를 각자의 답을 찾아 풀어가는 시간이다.

하늘에 거하는 시간은,

저자와 함께 문제 풀이를 하는 특별한 시간이 되겠지.

물론,

답을 맞춘 이에 한해서.

비유

그가 비유를
사랑했던 이유는

모든 자연이 비유요
모든 역사가 비유요
모든 말씀이 비유로 만들어졌기 때문이다.

우리가 그의 사랑을 온전히 느낄 때,
모든 비유가 마법처럼 풀릴 것이다.

그전엔 그저 우린,
장님이요
귀머거리요
문둥병자로 살아갈 뿐이다.

단순한
주제

예수께서 세례를 받기 전 기록이 없는 이유는
죽은 자의 삶을 강조하기 위함 때문이요

성경에 인류의 모든 역사가 담겨 있지 않은 이유는
살아 있는 자들의 삶을 강조하기 위함 때문이다.

자연 또한 삶과 죽음이란 주제로 일관한다.
말하고자 하는 바가 오직 하나이기 때문이다.

오른손이 한 일을
왼손이 모르게 하라

오른손이 한 일을 왼손이 안다면
내가 한 일이요

오른손이 한 일을 왼손이 모른다면
하나님께서 하신 일입니다.

조금이라도,
내 자랑이 된다는 것은

허무함을 비추는 것,
그 이상의 의미는 없을 것입니다.

***

그의
사역

그는 우리의 병든 부분들을
친절히 하나하나 보여 주셨다.

보여 주고 나니,
전신이 아파 마치 죽은 사람 같았지.

그는 죽은 자 또한 살려 낼 수 있는 능력 있는 의사임을,
우리들 가까이서 친히 확인시켜 주신다.

그가 죽기 전, 우리에게 목청껏 했던 말.

병이 들었다는 사실을 알아야만
제가 병들기 전의 상태로 고쳐 드릴 수 있습니다.
아픈 사람들은 제게 오세요.

바른
질문

아픈 자에게
왜 아프냐 묻지 않으셨다.

아프지 않은 자에게,
왜 아프지 않냐 꾸짖으셨다.

사라져
버려

거친 파도와 풍랑에
맞서 싸워 이기고 싶은가.

갈릴리 바다 위를
걷는 기적을 맛보고 싶은가.

나 자신을 지우고 또 지우는 연습을.
완전히 사라져 버릴 때까지.

두
관심

평범한 존재는
늘 특별한 행동에 관심을,

특별한 존재는
늘 옆사람 마음에 관심을.

머리의 소리는
계산적 변장과 욕심을.

마음의 소리는
자발적 헌신과 기쁨을.

시커먼
우리들

빛이 비춰질 때
모두들 깨끗한 척했지만,

빛 안에 들어올 때면
부끄러움에 고개조차 들 수 없었지.

그래서,
우린 가족

빛 아래에서
우리는 모두 다 다른 모습들이었고.

빛 아래에서
우리는 모두 다 같은 존재들이었다.

내려오라

춥거든 내려오라.
살기 위해 내려오라.

진정 높은 곳에 가기 원하거든,
빛에 거하기 위해 내려오라.

*
**
*

오늘도 여전히
햇볕 쬐기 좋은 날이다.

사랑

사랑을 공부하고
힘써 훈련받았지만,

느끼지 못했다면
어찌 사랑을 할 수 있겠는가.

너의 아픔과
나의 아픔의 크기는

사실, 같다는 걸.
어찌 알 수 있겠는가.

등대지기의
소망

만약 내가
빛 한 점 보이지 않는
어두운 세상에 있노라면,

***

내가 가진 작은 등불은
어느 때보다 더 빛이 나겠지.

작은 믿음을 가진 자들에게
생명끈이 될 수만 있다면.

태양이 다시
떠오를 그때까지

데칼코마니

당신은 누구와 살고 있는가.
당신은 누구를 닮고 있는가.
시간은 거짓말하지 않는다.

마주
보기

달은 태양을 평생 마주보며,
빛을 비추는 법을 배워 간다.

구약이 신약을 보듯이,
바다가 하늘을 보듯이,
겨울이 여름을 보듯이,
어둠 속 빛을 기다리며.

***

이유

지금 제가 누군가와 나누지 못한다면,
하나님 안에서 풍족함을 느끼지 못하기 때문입니다.

지금 제가 누군가를 비판한다면,
하나님 안에서 저 자신을 보지 못하기 때문입니다.

지금 제가 누군가를 사랑하지 못한다면,
제 안에서 함께하시는 하나님을 믿지 않기 때문입니다.

말씀 속
말씀

하나님께서 우리에게
떠나라고 말씀하셨던 건

우리가 지금
있는 자리가 아니라,

***

우리가 가지고 있는 생각에서
먼저 벗어나라는 말이었는지 몰라.

눈에 보여지는 여행이 아니라,
눈에 보이지 않는 진짜 여행을 하며 사는

그리스도인이 되기를
누구보다 바라셨던 분이시기에.

어떤
나무

어떤 나무로 살아야 할까요
라는 우문에,

어떤 종류의 나무로 태어났는지
현답을 주셨지.

나를 통해 피워질 꽃과
맺어질 열매는
세상에 단 하나뿐인 건

덤으로 알려 주셨어.

아무렴 좋아, 설사 오늘이 마지막 날이라도.

일곱 날의 빛, 아이슬란드
The Light of Seven Days, Iceland

지은이 정양권
펴낸곳 주식회사 홍성사
펴낸이 정애주
국효숙 김기민 김서현 김의연 김준표 김진원 송승호 오민택 오형탁
윤진숙 임승철 임진아 임영주 정성혜 차길환 최선경 허은

2018. 12. 28. 초판 1쇄 인쇄   2019. 1. 7. 초판 1쇄 발행

등록번호 제1-499호 1977. 8. 1
주소 (04084) 서울시 마포구 양화진4길 3   전화 02) 333-5161   팩스 02) 333-5165
홈페이지 hongsungsa.com   이메일 hsbooks@hsbooks.com   페이스북 facebook.com/hongsungsa
양화진책방 02) 333-5163

ISBN 978-89-365-1334-4 (03230)